27

Ln 15408.

RECUEIL

DE

DISCOURS

PRONONCÉS AUX FUNÉRAILLES

DE

M. ORFILA,

Professeur et ancien Doyen de la Faculté de Médecine de Paris,
Membre du Conseil supérieur de l'Instruction publique,
Haut Titulaire de l'Université;
Docteur en Médecine de la Faculté de Madrid;
Commandeur de l'Ordre de la Légion d'Honneur,
et des Ordres de Charles III d'Espagne et de Sainte-Anne de Russie,
Officier des Ordres de Léopold de Belgique et du Cruzeiro du Brésil;
Membre de l'Académie nationale de Médecine;
Membre correspondant de l'Institut,
de la Société médicale d'Émulation, de la Société de Chimie médicale,
des Universités de Dublin, de Philadelphie et de Hanau,
des Académies des Sciences et de Médecine de Madrid, de Séville, de Cadix,
de Barcelone, de Santiago, de Murcie, des îles Baléares,
de Berlin, de Belgique, de Livourne,
Président de l'Association des Médecins de Paris.

14 MARS 1853.

PARIS,

LABÉ, ÉDITEUR, LIBRAIRE DE LA FACULTÉ DE MÉDECINE,
PLACE DE L'ÉCOLE-DE-MÉDECINE, 23 (ANCIEN N° 4.)
1853

RECUEIL

DE

DISCOURS

PRONONCÉS

AUX FUNÉRAILLES DE M. ORFILA.

14 MARS 1853.

Allocution prononcée, avant l'absoute, par M. le Curé de Saint-Sulpice.

Messieurs, en dehors des éloges que des bouches amies vont répandre sur la tombe de l'illustre défunt, il est une louange qu'on taira sans doute, parce que peut-être on l'ignore. Mais comme elle est la plus belle fleur qui puisse être déposée sur un tombeau, je tiens à la proclamer hautement ici. Sache donc la France, sachent l'Europe et l'Univers entier, que la foi qui avait réjoui les premières années de M. Orfila a encore consolé ses derniers moments. L'avant-veille de sa mort, dans la plénitude de sa raison, il a mandé le prêtre près de son chevet, il a reçu avec reconnaissance les bons offices de la religion et collé avec émotion ses lèvres sur le crucifix. Voilà, messieurs, la plus pure de toutes les gloires de M. Orfila ; toutes les autres gloires sans celle-là ne servent de rien au delà du tombeau, et accusent dans l'homme une imprévoyance de l'avenir honteuse pour la raison humaine : car, messieurs, veuillons-le, ne le veuillons pas, nous sommes immortels ! il y a en nous quelque chose de plus que dans la brute, une âme qui, bien qu'elle échappe aux perquisitions du scalpel, n'en survivra pas moins au corps pour recevoir ou récompense ou châtiment, selon qu'on aura été fidèle ou infidèle aux prescriptions de la religion. M. Orfila avait trop de raison pour méconnaître ces vérités attestées par le bon sens de soixante siècles : il en avait trop surtout pour ne point s'inquiéter de ce qu'il allait devenir au moment de mettre le pied sur le seuil de l'éternité, à ce moment suprême où toutes les illusions de la vie disparaissent ; et il a tendu la main à la religion pour être introduit par elle devant le tribunal du souverain juge. Il connaissait le mot de Pascal parlant de l'insouciance de certains esprits sur leur destinée éternelle, que « l'expression manque pour qualifier une telle extravagance, » et sa haute intelligence s'est bien gardée de tomber dans cette déraison. Honneur à cet éminent esprit qui, donnant à son siècle cet exemple et cette leçon, a mis à profit la grâce que Dieu n'accorde pas à tous, la grâce d'avoir le temps, la pensée et la bonne volonté de mettre ordre à sa conscience !

Nous dirons donc avec confiance, messieurs, les prières de l'église : veuillez les écouter ; elles sont dignes d'attention : remarquez surtout la prière qui va terminer la cérémonie : « O Dieu tout-puissant et éternel, qui pour former l'homme avez associé une âme à un corps, faites que, tandis que ce corps qui est poussière retourne à la poussière, cette âme créée à votre image, spirituelle et immortelle, aille rejoindre l'assemblée de vos saints et de vos élus dans l'éternel séjour. *Ut dum, te jubente, pulvis in pulverem revertitur tu imaginem tuam cum sanctis et electis tuis, æternis sedibus jubeas sociari.* »

Discours de M Bérard, au nom de la Faculté de médecine.

Messieurs, il appartenait au doyen de l'Ecole de rendre hommage à la mémoire de l'ancien doyen, de l'homme illustre dont la dépouille mortelle vient d'être déposée dans cette tombe. Ce devoir pieux, le chef de notre Compagnie l'avait accepté, lorsque j'ai demandé qu'il me fût permis de le remplir. Quel titre avais-je à cet honneur ? Aucun. Mais la reconnaissance d'un disciple pour le maître qui l'a comblé de ses bienfaits peut usurper un privilége qui devait être réservé au talent ; et maintenant, à l'aspect de cette foule nombreuse et consternée, qu'une même pensée a amenée dans le champ du repos, j'hésite. Je sais que ma parole ne pourra répondre à cette démonstration si éloquente de la douleur publique.

La mort frappe sans relâche sur notre malheureuse Compagnie ; elle enlève coup sur coup à l'enseignement ses plus glorieux représentants :

hier Richard! aujourd'hui Orfila! Ah! cette perte est cruelle entre toutes celles qui ont porté le deuil dans nos âmes!

Elèves des écoles, venez avec nous pleurer sur cette tombe; pleurez!... Cette parole si claire, si instructive, si pénétrante, vous ne l'entendrez plus! Pleurez!... Ce maître que vous chérissiez, et qui mettait son bonheur à orner votre intelligence, vous l'avez vu pour la dernière fois.

Et vous, membres du corps médical, vous aussi, amis d'Orfila, qui ne vous séparez pas de nous à ce moment suprême, vous accorderez quelque témoignage de sympathie à l'expression de nos regrets; car nul ne se préoccupa plus que lui des intérêts moraux et professionnels des médecins, nul ne fut plus accessible aux charmes de l'amitié, nul ne fut plus fidèle à son culte.

Qu'il me soit permis de retracer en quelques mots les principaux accidents de cette vie si dignement, si utilement remplie.

Messieurs, il y a bientôt un demi-siècle qu'un jeune homme aux traits réguliers, à la physionomie intelligente et fine, quittait son pays natal pour venir à Paris entendre les leçons de quelques-uns des professeurs qui y brillaient à cette époque, et dont la réputation était devenue européenne. Il était dans l'avenir de ce jeune étranger de créer une science nouvelle, de jeter un éclat sans égal dans l'une des chaires de l'Ecole de médecine de Paris, d'être placé à la tête de l'administration de cette Ecole, d'enrichir ses collections anatomiques et de la dater de cliniques nouvelles, d'organiser une partie de l'enseignement médical en France, de prendre part aux graves délibérations de l'administration des hôpitaux de Paris, de siéger dans le Conseil supérieur de l'instruction publique, de fonder une Société secourable pour les médecins tombés dans la détresse ou pour les familles de ces médecins, de servir encore la science et l'humanité en instituant, de son vivant, des legs d'une singulière munificence. Il lui était réservé de connaître tout ce que les honneurs dignement conquis, les louanges méritées ont de plus enivrant; mais il lui était réservé aussi de boire à cette coupe amère que l'adversité tient en réserve à côté des heureux du jour!

Ce jeune homme, c'était Orfila; il était né à Mahon (île Minorque) le 24 avril 1787.

Les circonstances qui avaient préparé son départ pour la France montrent déjà cette nature exceptionnelle, cet amour de la science, ce goût passionné pour le vrai, qui le distingueront dans le reste de sa carrière. A Mahon, on veut le former à la *dispute*, mais il s'en dégoûte, il sent qu'on fausse son esprit, et que la science doit reposer sur des bases plus solides ; à Valence, en 1804, son maître lui enseigne *que l'air et l'eau sont des éléments !* Mais les noms des Lavoisier, des Berthollet, des Fourcroy avaient franchi les limites de la France. Orfila s'était procuré leurs livres et avait cessé d'écouter son maître. Cependant l'Université de Valence était accusée d'insuffisance, et on menaçait de la supprimer. Elle annonce une sorte de tournoi scientifique entre ses élèves et ceux des universités voisines. Orfila s'y présente ; il fait triompher et cette Université qui ne lui avait rien enseigné, et ce maître qui, dans sa candeur, demandait à son élève : Qui donc vous a appris tout cela ? Le bruit de ce succès se répandit, et bientôt la junte de commerce de Barcelone envoyait en France le jeune Orfila, à titre de pensionnaire, pour y étudier la chimie dans ses applications à l'industrie et aux arts. Mais la guerre allumée entre la France et l'Espagne, une guerre longue et acharnée, interrompit les communications entre la junte et son jeune pensionnaire. Et lorsque plus tard, celui-ci, mu par un sentiment d'exquise délicatesse, mettait à la disposition de ses anciens protecteurs ces trésors de la science qu'il avait amassés dans notre pays, la junte ruinée et disloquée ne pouvait plus donner suite à ses projets ; mais déjà la France avait adopté cet enfant de l'Espagne. Que de séductions n'offrait-elle pas à un jeune homme avide de s'instruire ! Vauquelin l'avait introduit dans son laboratoire ; Fourcroy lui avait confié le soin de préparer pour lui quelques leçons de chimie organique.

Bientôt Orfila ouvre un amphithéâtre particulier, il y donne des leçons de chimie, de médecine légale et même d'anatomie. C'est dans ce modeste laboratoire qu'il va jeter les fondements d'une science nouvelle, la *toxicologie*.

Désormais la justice ne restera plus désarmée ou plutôt incertaine, hésitante devant le crime. Des réactions subtiles indiqueront les traces les plus fugitives du poison versé par une main criminelle ; elles en décèleront la présence, alors même qu'il sera masqué par les aliments ou les boissons ; elles les poursuivront dans les humeurs animales et jusqu'au sein de nos tissus.

Désormais aussi plus d'un meurtrier reculera devant la perpétration d'un crime qu'il n'aura plus l'espoir de dissimuler. Pas un des livres publiés avant la *Toxicologie* d'Orfila ne donnait la moindre idée des procédés délicats inventés par cet habile expérimentateur. On savait chercher certains poisons dissous dans l'eau distillée, mais étaient-ils mélangés au vin, au lait, à la bile, au bouillon, on ne les retrouvait plus. Il suffirait d'une telle découverte pour la gloire d'un savant, elle lui donnerait encore des titres incontestables à la reconnaissance de la société.

Ce n'était que le prélude des succès qui attendaient M. Orfila. Sur la proposition de Hallé, l'auteur de la toxicologie avait pris place parmi les membres correspondants de l'Institut; et peu de temps après, l'Ecole ouvrait ses portes à celui qui devait captiver, sans jamais la fatiguer, l'attention des générations d'élèves qui se sont succédé depuis 1819 jusqu'en 1853.

Les circonstances de sa nomination lui font trop d'honneur pour que je me résigne à les passer sous silence. Le jour de l'élection, Hallé, souffrant et bien près de la tombe, se fait transporter à l'Ecole. Chacun s'étonne et s'apprête à féliciter l'illustre malade de l'amélioration survenue dans sa santé. « Ne vous y trompez pas, dit-il en prenant place, « je ne suis pas mieux, mais je n'ai pas voulu laisser échapper une « occasion de rendre service à la Faculté en venant voter pour M. Or- « fila. » Sur quoi le vénérable Boyer, prenant la parole : « J'étais irré- « solu, dit-il, je ne le suis plus, et je voterai aussi pour M. Orfila. » Quelle nomination fut jamais mieux justifiée! Quel succès égala jamais ce succès inouï dans les fastes de l'enseignement!

Les envieux (et depuis longtemps déjà Orfila avait mérité d'en rencontrer) se demandaient si, pour ce toxicologiste célèbre, la médecine légale ne serait pas réduite à l'histoire des poisons. Orfila débute; le vaste amphithéâtre de la Faculté ne peut suffire à la foule venue pour l'entendre. Il choisit pour sujet de ses premières leçons un point de médecine légale étranger à la toxicologie. Le lendemain, les auditeurs étaient revenus à la leçon. Les jours suivants, l'amphithéâtre était encore plein; il en fut de même pendant toutes les leçons du semestre, et pendant les quatre années que M. Orfila professa la médecine légale et pendant les vingt-neuf ans qu'il consacra à l'enseignement de la chimie médicale! On se demande le secret d'une telle fortune professorale. Ne le cherchez pas dans l'élégance prétentieuse et châtiée du langage ni dans la pompe du discours; l'élève pourra venir pendant quelques séances pour entendre un professeur éloquent; mais il l'abandonnera s'il n'est qu'éloquent. Instruire, voilà tout le secret d'obtenir l'assiduité d'un auditoire. C'était le secret de M. Orfila. Il visait à la clarté du langage, et non à arrondir une phrase ; il savait à propos sacrifier les superfluités, les choses accessoires, pour développer les parties fondamentales d'une question ; il était méthodique, mais il ne tombait pas dans l'excès des divisions et subdivisions scolastiques ; pour chaque proposition il donnait la démonstration expérimentale lorsque celle-ci était possible, car il savait qu'une expérience grave mieux un fait dans la mémoire qu'une simple description orale. Son élocution était facile ; sa voix, bien timbrée et puissante, pénétrait dans toutes les parties de l'amphithéâtre ; il s'animait, se passionnait parfois dans ses démonstrations, sans jamais cesser de se posséder. La mémoire, cette faculté si injustement dépréciée, si indispensable au professeur, n'était jamais en défaut chez M. Orfila.

Joignez à ces avantages des traits nobles et expressifs ; l'âge semblait ajouter chaque jour à leur distinction ; sans rien enlever à leur charmante régularité.

Voilà bien des éléments de succès, et ce n'est pas tout encore. La science faisait de nouveaux progrès, et cependant M. Orfila voulait en présenter chaque année le tableau complet aux élèves ; il portait à cinq quarts d'heure la durée de ses leçons, et multipliait celles-ci vers la fin du semestre, au point d'en élever le nombre à quatre-vingts au lieu de soixante. Pardon, messieurs, pour la simplicité de ces détails, mais ils peignent mieux le professeur que je ne pourrais le faire en un autre langage, et ils avivent chez les élèves qui m'écoutent le sentiment de la perte irréparable qu'ils ont faite.

Quelle ambition ne serait satisfaite d'une telle carrière dans le professorat ? Orfila ne rêvait pas d'autre gloire. Mais son mérite allait appeler sur lui les honneurs, et avec eux, mais dans un avenir encore lointain, les soucis cuisants qui en sont trop souvent le cortége. Je ne sais s'il avait désiré le décanat, mais à coup sûr il ne l'avait pas demandé. L'histoire de sa promotion n'offre pas moins d'intérêt que celle de son élection au professorat.

La révolution de 1830 avait rendu à la Faculté les professeurs frappés par l'ordonnance de 1822. L'illustre Antoine Dubois, promu au décanat, mais peu désireux de le conserver, pria M. Orfila de l'accompagner au ministère pour y traiter d'une affaire administrative. A peine ils sont entrés dans le cabinet du ministre, que M. Dubois s'exprime en ces termes : « Monsieur le ministre, je suis âgé, peu jaloux

« de conserver des fonctions administratives, je viens vous prier d'ac-
« cepter ma démission de doyen. Permettez-moi de vous présenter
« M. Orfila, pour qui je demande la place vacante. » Le lendemain, la
nomination de M. Orfila était signée. Voilà une nouvelle phase dans
la vie de notre collègue. Il va devenir administrateur; il restera toxicologiste habile, car il a travaillé jusqu'à son dernier jour au perfectionnement de la science qu'il avait créée. Les soins du décanat ne
compromettent point la régularité de son enseignement, car, avant
tout, il est professeur; rien ne peut balancer dans son cœur le prix
qu'il attache à la reconnaissance des élèves; et s'il veut imposer à ses
collègues l'exactitude dans l'accomplissement de leurs devoirs, il sait
qu'il doit leur en donner l'exemple. Son activité suffira à tout. Les
cours seront faits désormais avec régularité; les examens deviendront
sérieux; les élèves prendront exactement leurs inscriptions. A la
place de ce bâtiment mesquin, hideux, désigné sous le nom de *clinique*
sur les affiches des cours, et qui n'en avait que le nom, va s'élever une
construction élégante, régulière, spacieuse, où seront installées deux
véritables cliniques, l'une de chirurgie, l'autre d'accouchements, institution précieuse où des médecins de toutes les parties du monde
viennent aujourd'hui recueillir avec nos élèves les leçons du fils d'Antoine Dubois. Des salles de dissection nouvelles ont remplacé ces ré-
duits fétides et insalubres, où les plus laborieux de nos élèves com-
promettaient leur santé. Enfin, la création du musée Dupuytren et
d'un jardin botanique, la transformation de nos galeries où se trouvent
accumulées aujourd'hui tant de richesses : voilà les fruits de l'administration de M. Orfila. Plusieurs fois, pendant une période de dix-
sept ans, la Faculté exprima par ses votes qu'elle était reconnaissante
des efforts du doyen. M. de Salvandy, qui les avait généreusement
encouragés, voulut les récompenser ensuite en donnant au musée ana-
tomique de la Faculté le nom de l'administrateur habile qui lui avait
fait subir une si heureuse transformation.

Dans le conseil des hôpitaux, où M. Orfila avait été appelé, il donnait chaque jour de nouvelles preuves de ce tact exquis, de cette en-
tente des affaires, de ce bon sens pratique qui formaient le caractère
de son administration. L'existence des cliniques, la pratique des
autopsies pouvaient devenir et devenaient parfois l'occasion de conflits
entre le conseil des hospices et la Faculté. Le doyen apportait dans
ces débats un esprit de conciliation qui n'excluait pas la fermeté, et on

le vit dans une occasion envoyer au ministre de l'intérieur sa démission, qui ne fut pas acceptée.

L'Académie de médecine n'a point perdu le souvenir des luttes que
M. Orfila a dû soutenir dans son sein. Naguère encore, son argumen-
tation précise, nerveuse, méthodique, nourrie de faits, jetait à flots la
lumière et fixait l'opinion de l'assemblée sur une des plus hautes questions que l'Académie ait eu à résoudre. Mais une voix éloquente vous
dira bientôt ce que fut Orfila dans les discussions de l'Académie, et
comment, élevé au fauteuil de la présidence, il y apporta cet art suprême et délicat de diriger les délibérations d'une assemblée. C'est à
un autre ami d'Orfila que je laisserai le soin de dire ce qu'a produit
la Société de prévoyance fondée par l'ancien doyen. Une pensée charitable et généreuse, nouvelle forme de cette sollicitude active avec
laquelle il embrassait les intérêts du corps médical !

Enfin, Orfila avait gravi l'échelon le plus élevé dans la hiérarchie
universitaire. Le roi l'avait appelé dans le conseil supérieur de l'instruction publique. Ce fut alors qu'il organisa les écoles préparatoires
et fit goûter au ministre ces réformes intelligentes qui devaient rendre
les examens plus probants et rehausser la valeur du diplôme de docteur en médecine.

Quelle belle vie, messieurs, et que cette félicité est bien méritée !
Il semble que l'âme se repose doucement en voyant cette récompense
anticipée accordée au travail et au noble emploi des facultés de l'esprit ! Cette félicité, Orfila ne la devait pas seulement à ses succès dans
la carrière des sciences, de l'enseignement et de l'administration.
L'amitié avait embelli sa vie. Ce serait un touchant épisode que le
récit de ses liaisons avec un jeune artiste de son pays et une famille
distinguée qu'il avait connue à Nantes. Passionné pour les arts, il
avait uni son sort à une jeune personne aussi remarquable par ses
talents que par les grâces de son esprit et l'amabilité de son caractère.
Son salon était le rendez-vous d'une société d'élite dans laquelle il
avait étendu le cercle de ses amitiés.

Qui n'eût porté envie à cette existence? Mais avant de prononcer
sur le bonheur d'un homme, il faut attendre sa mort. La révolution de
février éclata. L'un des premiers actes du nouveau gouvernement fut
la destitution du doyen de la Faculté de Paris. Les infortunes s'en-
chaînent comme les événements heureux. Après avoir remplacé le
doyen, on le tourmenta sur les actes de son administration.

Orfila ne voulut pas répondre. Les merveilles qu'il avait fait éclore dans l'intérêt des études étaient là et répondaient pour lui. Elles exciteront encore la reconnaissance des élèves et des hommes de science, lorsque depuis longtemps sera effacé le souvenir des tristes débats qu'elles ont provoqués.

Il parut supporter avec une fermeté stoïque la nouvelle position qui lui était faite. Mais qui oserait calculer les ravages qu'un tel effort pouvait produire dans une organisation vigoureuse, chez un homme passionné, habitué au pouvoir depuis longues années, et pour qui la louange était devenue une sorte de besoin, tant il l'avait souvent commandée par les bienfaits de sa gestion ?

Orfila chercha une diversion à de pénibles pensées dans les succès d'enseignement qu'il a obtenus jusqu'à sa dernière leçon : dans l'affection des élèves, qui ne lui a jamais manqué ; dans la société de ses amis, qui tous s'étaient pressés autour de lui dès que l'infortune l'avait frappé. Mais à cette nature active il fallait encore un autre aliment, il le chercha, il le trouva dans les douceurs de la bienfaisance. On sait la munificence des legs qu'il a destinés à l'Ecole de médecine, à l'Académie et à d'autres établissements. D'un bout de la France à l'autre les médecins ont accueilli par leurs acclamations cet acte d'une libéralité qui aura peu d'imitateurs.

Messieurs, je ne sais quel triste pressentiment m'assiégeait lorsque j'entendais M. Orfila annoncer qu'il donnait *de son vivant* pour surveiller et diriger l'exécution de ses volontés ; il me semblait voir dans ce langage trop confiant une sorte de défi jeté à la destinée humaine ; hélas ! la mort devait frapper le donateur avant la réalisation légale du bienfait. Ces adresses de félicitations que la province lui fait parvenir encore aujourd'hui, c'est sur sa tombe qu'il faudra les déposer !

Orfila avait fait leçon la veille du jour où il a pris le lit pour ne plus s'en relever ; cette dernière leçon l'avait singulièrement fatigué ; mais il avait eu le courage d'aller jusqu'au bout : c'était la mort du soldat sur le champ de bataille. Son poumon droit s'était pris d'emblée ; l'affection s'offrit de suite avec un caractère de gravité qui en fit présager l'issue funeste.

Le bruit qu'Orfila est en danger se répand dans Paris. De tous côtés on se porte à sa maison : amis, médecins, élèves ; ceux qui arrivent interrogent avec anxiété la physionomie de ceux qui sortent. Pour exciter une telle sollicitude, il fallait qu'il y eût chez Orfila autre

chose encore que les qualités de l'homme public ou du savant. Demandez à ceux qui l'ont vu dans son intérieur, ils vous diront comment
Orfila savait se faire aimer. Un caractère égal, une douceur inaltérable,
de la gaieté, des dispositions bienveillantes faisaient trouver dans son
commerce un charme tout particulier.

La situation d'Orfila empira. Je n'essaierai pas de peindre la douleur d'une famille éplorée, le dévouement et le courage de la compagne de sa vie.

Il avait demandé et reçu, trente-six heures avant sa mort, les secours de la religion. Le samedi, à sept heures et demie du matin, il
avait rendu le dernier soupir.

Mais le nom d'Orfila ne sera pas rayé de la liste des médecins français; déjà la Faculté de médecine de Paris a conféré le titre de docteur à un neveu de notre grand toxicologiste. Il portera dignement,
j'en juge par ses premiers travaux, le nom de l'homme célèbre auquel
il a prodigué, pendant ces tristes journées, tous les soins de la piété
filiale.

Orfila! maître vénéré! tu m'as accueilli dès mes premiers pas dans
la carrière que tu avais parcourue avec tant d'éclat; tu as soutenu mon
courage dans ces luttes difficiles qui devaient un jour me faire asseoir
à tes côtés; tes bontés pour moi furent inépuisables; reçois avec in-
dulgence ce témoignage bien imparfait de ma reconnaissance.

Adieu! Orfila; adieu!

Discours de M. Dubois (d'Amiens), au nom de l'Académie de médecine.

Messieurs, l'Académie de médecine tout entière se sentira cruellement frappée dans la personne de M. Orfila.

Elle vient de perdre un de ses plus illustres membres, un de ses
plus beaux ornements.

Cette lumière tout à l'heure encore si vive, si resplendissante, vient
de s'éteindre à jamais.

Aussi, messieurs, dans ce profond accablement où nous plonge une
mort aussi soudaine qu'imprévue, dans cette consternation générale,
les paroles que je vais faire entendre au nom de l'Académie ne seront-
elles que l'expression d'une douleur commune et comme la première
explosion des regrets de tous ceux qui ont connu M. Orfila.

Ce dernier coup, messieurs, ravive pour ainsi dire toutes nos douleurs. Dans le court espace de moins d'une année, nous avons vu successivement tomber autour de nous MM. Rochoux, Récamier, Dizé, Castel, Réveillé-Parise, Richard, Devilliers et Andral père. Une tombe était à peine fermée, qu'une autre était ouverte. Puisse la mort se lasser de frapper dans nos rangs !

C'est que lui aussi, M. Orfila, appartenait à cette génération qui nous a précédés dans la science.

De soixante-dix membres nommés en 1820 pour composer l'Académie de médecine, cinq seulement restaient parmi nous : M. Orfila était un de ces glorieux débris, et il était le moins âgé des survivants, comme en 1820 il avait été le plus jeune de ses soixante-neuf collègues. Génération d'hommes éprouvés, éminents, qui sont tombés comme une moisson, afin de faire place à une autre.

Telle est, messieurs, la destinée des êtres vivants. Mais, du moins, dans cette carrière semée de tant de débris, il est d'honorables souvenirs, qui se dressent pour ainsi dire devant les nouvelles générations, comme pour leur servir d'exemples et de guides. Il est de grandes mémoires qui surgissent du sein de cette poussière, comme pour l'ennoblir et commander nos respects.

Ainsi, messieurs, le nom de M. Orfila, le nom du créateur de la toxicologie, de l'éminent jurisconsulte médical, du grand et intègre administrateur, restera à jamais parmi nous comme une des gloires les mieux acquises de notre temps.

Vous me permettrez, messieurs, de remettre à une autre époque la tâche de vous exposer tous les incidents, toutes les phases de cette existence si laborieuse, si utile et si bien remplie ; de vous dire comment, né loin de la France, M. Orfila était d'abord venu, au nom de son gouvernement, compléter parmi nous ses études médicales ; comment, ayant fait ensuite de notre pays sa patrie adoptive, il y était resté pour le doter de ses nombreux travaux, pour se placer au nombre des classiques les plus renommés, et pour entrer dans ses écoles comme l'un de ses plus illustres professeurs.

Et la France, messieurs, n'avait pas été ingrate pour lui pendant cette première partie de son existence ; nous l'avions vu arriver à une sorte de dictature médicale.

Doyen de la Faculté de médecine de Paris, il était à la fois l'administrateur de ce grand corps et l'un de ses maîtres les plus suivis et les mieux écoutés.

Successeur de Cuvier au Conseil de l'instruction publique, il y défendait les intérêts du corps médical et veillait à sa dignité.

Membre du Conseil général des hospices, il y exerçait une tutelle active et bienfaisante sur tous les chefs de service.

Membre de notre Académie, il participait à son administration, plaidait pour elle devant les tribunaux et l'éclairait de ses lumières dans les grandes discussions.

Fondateur et président perpétuel de l'Association de prévoyance des médecins de Paris, il tendait à toutes les infortunes une main protectrice et secourable.

Mais une grande catastrophe politique, enveloppant M. Orfila dans le désastre général, était venue le précipiter de cette haute position si justement, si noblement acquise.

Il aurait pu, il aurait dû dès lors se reposer dans sa gloire, rester le professeur chéri des élèves, et contempler avec mépris l'ingratitude de quelques-uns et la malveillance de quelques autres.

L'Académie, d'ailleurs, comme pour le venger d'odieuses persécutions, s'était empressée de l'élever à l'honneur insigne de la présider; elle avait voulu montrer à tous que M. Orfila avait conservé l'estime de ses collègues et de tous les honnêtes gens.

Mais, messieurs, il est de ces natures exquises et délicates qui, par cela même qu'elles aiment éperdument la gloire, qu'elles s'enivrent de triomphes longtemps disputés, se sentent mortellement blessées dès que viennent les jours de revers, d'injustice et de disgrâce.

Et M. Orfila était de ce nombre. Le vautour, depuis 1848, était attaché à sa proie.

Et cependant, messieurs, alors que par un triste retour des choses humaines il lui fut donné de mieux connaître les hommes qu'il ne l'avait fait peut-être au temps de sa prospérité, il s'était vu entouré de nouveaux et nombreux amis; et ceux-ci étaient d'autant plus sûrs, que, méconnus en d'autres temps, ils lui étaient venus quand il ne pouvait plus rien faire pour eux.

Mais il n'a pu se consoler. En vain il en appelait lui-même à sa haute raison.

En vain il avait répondu à l'expansive amitié et aux applaudissements des élèves par un redoublement de zèle et d'activité dans son

enseignement; en vain il s'intéressait plus que jamais à nos discussions académiques et il y prenait la plus grande part; sa blessure
restait saignante, et c'est de lui surtout qu'on aurait pu dire :

Hœret lateri lethalis arundo.

Ses amis le voyaient dépérir avec une mortelle inquiétude, effrayés
qu'ils étaient de ces alternatives de maladies soudaines et de rétablis-
sements incomplets.

Un voyage aux Pyrénées avait paru fortifier un moment cette constitution si douloureusement ébranlée.

Et c'est surtout ici, messieurs, que nous devons admirer cette généreuse nature, ce noble caractère de M. Orfila. Lui aussi sentait le
besoin de distraire son âme, d'arracher sa pensée à ces tristes et som-
bres préoccupations. Mais si d'autres, pour cela, en appellent à des
excès que le plus souvent on ne pourrait avouer, lui va se jeter dans
des *excès* inouïs de désintéressement, de bienfaisance et de philan-
thropie.

De son vivant, il conçoit et réalise l'idée de distribuer, par une sorte
de testament anticipé, des libéralités dont on ne pourrait trouver
d'exemple que dans le testament de Lapeyronie.

Tous les corps savants, l'Académie de médecine en tête, y auront
une part ; l'Association de prévoyance n'y est pas oubliée. Que dis-je;
elle représentera en quelque sorte la famille de M. Orfila. Si, en effet,
l'Académie de médecine, toujours désireuse de bien placer ses récom-
penses, ne trouvait point de concurrents dignes de ses rémunérations,
ce n'est point la famille de M. Orfila qui viendrait redemander à l'Académie les fonds que celle-ci n'aurait pas décernés ; c'est à l'Association
de prévoyance que ces fonds seraient dévolus.

Heureuse combinaison ! qui, du moins pour M. Orfila, ne permet-
tra pas qu'on vienne changer en une amère dérision le titre si bien
mérité de *bienfaiteur de l'Académie!*

Hélas ! messieurs, il y a peu de jours encore, nous en étions à nous
demander si, par une distinction toute particulière, nous ne devions
pas inscrire le nom de M. Orfila sur une table de marbre blanc, et non
sur nos tables de marbre noir.

Qui aurait pu, en effet, nous faire présager une mort aussi prochaine? Nous qui venions d'entendre cette parole si claire, si vive et
plus vibrante que jamais, dans une récente discussion ! Nous qui dé-

main peut-être tournerons encore nos regards sur la place qu'il laisse
vide, tant son souvenir nous est présent !

Ce nom, messieurs, sera donc inscrit comme les autres sur nos
tables de marbre noir; placé à côté de ceux des Portal, des Itard et des
Capuron, ce sera un nom de plus ajouté à cette liste funéraire; mais
l'Académie n'oubliera pas que M. Orfila avait voulu faire pendant sa
vie ce que les autres s'étaient réservé de faire après leur mort.

Adieu donc, Orfila ! Adieu illustre et regrettable collègue ! Adieu
pour la dernière fois ! Que ton ombre se console; ta mémoire ne pé-
rira pas; elle vivra dans les annales de la science, dans le cœur de
tous tes amis, et longtemps encore tu seras l'entretien d'une ardente
et studieuse jeunesse !!

Discours de M. Bussy, membre de l'Institut, au nom de l'École de pharmacie.

Messieurs, cette tombe, si inopinément ouverte, ne se refermera
pas pour toujours sur la dépouille mortelle de notre éminent confrère
sans que l'Ecole de pharmacie, elle aussi, n'ait payé à sa mémoire le
tribut de douleur et de regrets qu'elle lui doit.

M. Orfila appartenait à l'Ecole de pharmacie; il lui appartenait par
sa position officielle de délégué de la Faculté de médecine, il lui appartenait surtout par la nature et par la direction de ses travaux, par
le concours actif qu'il lui a prêté pendant plus de trente années, par
les liens d'une estime et d'une affection réciproques, dont les témoi-
gnages honorables survivront au triste événement qui nous réunit et
rappelleront aux générations futures des étudiants et des professeurs
de notre école l'intérêt que M. Orfila prenait au perfectionnement des
sciences qu'on enseigne.

Ce n'est pas, messieurs, en présence de la douleur unanime, et si
vivement sentie, de tous ceux que la reconnaissance ou l'amitié réunit
autour de ce cercueil, qu'il serait opportun d'apprécier en détail les
immenses travaux et les grands services rendus par l'homme dont
nous déplorons la perte; mais qu'il nous soit permis de rappeler en
peu de mots ce qu'il a fait pour cette branche des sciences médicales
qu'on désigne sous le nom de pharmacie.

Ce fut dans le laboratoire de Vauquelin, directeur de l'Ecole de
pharmacie, que M. Orfila puisa les premières notions de chimie.

Toute sa longue carrière scientifique fut presque entièrement consacrée à l'application des connaissances acquises près de cet illustre maître, qu'il devait remplacer un jour avec tant d'éclat comme professeur de chimie à la Faculté de médecine.

Il s'appliqua particulièrement à la recherche et à l'étude des poisons. Dès son début, il chercha à coordonner les matériaux épars et incomplets qui existaient alors sur la toxicologie ; il y ajouta le résultat de ses innombrables expériences et des recherches de toute nature qu'il entreprit sur ce vaste sujet ; il en fit un corps de doctrine, une véritable science qui relève de la chimie sans doute, mais qui possède cependant des procédés et des méthodes d'investigation qui lui sont propres.

Il ne suffisait pas à M. Orfila d'avoir créé une science en quelque sorte nouvelle, il ne lui suffisait pas de la propager par un enseignement qui a été l'un des plus brillants et des plus suivis de la Faculté, il fallait encore assurer cet enseignement dans l'avenir ; mais on ne peut espérer de rencontrer fréquemment dans le même homme des connaissances profondes en anatomie et en physiologie unies à l'habitude des dissections et à celle des manipulations chimiques indispensables pour mener à bonne fin les plus simples recherches sur les poisons.

Pour résoudre le problème, il fallut le diviser.

Il y a dans la toxicologie deux points de vue très distincts : l'un qui comprend les symptômes de l'empoisonnement, les lésions des tissus, et le traitement médical ; l'autre, plus exclusivement chimique, comprend la recherche et la détermination de la substance toxique, soit pour éclairer le traitement par l'indication de contre-poisons appropriés, soit pour diriger les poursuites de la justice ou pour former l'opinion du jury.

Cette dernière partie de la toxicologie est, comme nous l'avons dit, plus particulièrement du ressort de la chimie et des sciences naturelles. Les pharmaciens, obligés par leur profession à connaître, à manipuler journellement les substances toxiques, en possession de laboratoires et d'appareils de chimie, sont naturellement désignés pour des recherches de cette nature.

M. Orfila, trouvant dans les écoles de pharmacie tous les éléments nécessaires à l'enseignement de la toxicologie chimique, a cherché à l'introduire dans ces établissements : il y a réussi.

.C'est avec sa coopération , avec l'appui qu'il nous a donné que des chaires de toxicologie et de chimie légale ont été instituées dans les diverses écoles de pharmacie.

Cet enseignement assure aujourd'hui à la société et à la pratique médicale une suite d'hommes instruits, sur le zèle et l'expérience desquels elles auront droit de compter.

Par un dernier témoignage de l'intérêt qu'il portait aux études pharmaceutiques et aux élèves qui s'y vouent, M. Orfila a fondé à notre Ecole un prix pour la solution d'une série de questions pathologiques de pharmacie pure ou de chimie appliquée à l'extraction des principes actifs de médicaments, pour l'analyse des humeurs normales de l'économie, et pour celles des produits pathologiques qui se forment dans des conditions déterminées, enfin par le perfectionnement des moyens d'analyse des eaux minérales.

Ce prix , fondé à perpétuité, et qui , suivant le vœu du fondateur, devra toujours porter sur des objets pris dans le cercle que nous venons d'indiquer, sera, n'en doutons pas, un puissant moyen d'émulation pour la jeunesse de nos écoles. Il sera pour la médecine, et en particulier pour la pathologie, une source nouvelle de perfectionnement et de progrès.

Unissant la pratique à l'enseignement, joignant l'exemple au précepte, M. Orfila a été pendant de longues années l'interprète le plus accrédité de la science auprès des tribunaux. Nous avons tous présentes à l'esprit ces dépositions émouvantes qui captivaient l'attention non-seulement des jurés et des magistrats, mais qui, franchissant l'enceinte de la cour d'assises, tenaient le public et la France entière suspendus aux lèvres de l'expert, alors que, déjouant les combinaisons les mieux calculées en apparence, il faisait passer sous les yeux de l'auditoire ces taches accusatrices extraites du parenchyme même des organes de la victime. Appelé quelquefois à partager ses travaux, nous avons pu être témoin du zèle, de l'ardeur juvénile qu'il y apportait et du courage qu'il mettait à défendre ce qu'il croyait être la vérité.

Depuis plusieurs années, cependant, M. Orfila avait renoncé aux expertises légales, mais par des motifs étrangers à la science et sans avoir rien perdu toutefois des brillantes qualités qui ont été jusqu'à son dernier jour l'heureux privilége de cette nature d'élite.

Hier encore il trouvait le secret d'intéresser l'Académie de médecine sur la composition de l'opium, et la savante assemblée, captivée longtemps par le charme de cette parole animée, était loin de prévoir qu'elle entendait pour la dernière fois le professeur éloquent auquel nous rendons aujourd'hui un dernier hommage, l'ami généreux de la jeunesse studieuse, le protecteur éclairé de la science, qui emporte dans la tombe notre affection et nos regrets.

Discours de M. Barth, au nom de la Société médicale d'émulation.

Messieurs, l'homme éminent dont nous pleurons la perte a droit encore à quelques paroles de regrets et de reconnaissance.

La Société médicale d'émulation a voulu lui adresser par ma voix un dernier hommage, et je remplis cette mission avec empressement, parce qu'elle me permet de joindre à ce témoignage public de haute estime l'expression d'un sentiment personnel de gratitude et d'affectueux souvenir.

C'est un éloge bien sincère et bien désintéressé que celui qu'on vient déposer au bord d'une tombe, et c'est ce qui m'encourage à dire de M. Orfila que peu d'hommes ont eu plus de titres à la considération générale.

Partout où il a passé dans sa carrière trop courte et pourtant si bien remplie, il a figuré avec distinction, avec éclat ; partout il a laissé un souvenir impérissable de ses hautes qualités.

L'immense auditoire qui se pressait à ses cours est un témoignage irrécusable de l'esprit clair et lucide du professeur.

L'établissement d'une clinique d'accouchement, la fondation du Musée Dupuytren, la création d'un autre musée qui porte son nom, et qui, sous sa puissante impulsion, fut achevé dans l'espace de quelques semaines, sont des monuments qui attestent sa capacité comme administrateur et comme doyen de la Faculté.

L'Académie a rendu un éclatant hommage à son mérite et à son talent en l'appelant naguère encore à l'honneur de la présider.

Dans le Conseil supérieur de l'instruction publique, peu d'hommes ont rendu plus de services à la médecine : la France est couverte d'institutions qui lui doivent leur origine.

Au sein du Conseil des hôpitaux, personne n'a mieux servi la science et ceux qui la cultivent. Il suffit de rappeler l'énergique résistance avec laquelle Orfila combattit et fit rejeter, par une démission noblement

proposée, une mesure des plus funestes aux vrais progrès de la médecine pratique.

Comme président-fondateur de l'Association de prévoyance, qui fut
plus digne de la haute estime que lui a témoignée la Société en le
renommant chaque année comme par acclamation, et en lui conférant
ainsi de fait une présidence perpétuelle, si quelque chose ici-bas peut
mériter ce nom ?

Tous ceux qui ont approché Orfila se rappellent avec admiration
cette rare intelligence, cette prodigieuse activité et cette exactitude
merveilleuse dans l'accomplissement des nombreux devoirs de sa haute
position.

Au milieu de ses occupations multipliées, M. Orfila a su consacrer
quelques moments à la Société médicale d'émulation, et la Société con-
serve un précieux souvenir de sa participation active à ses travaux ;
elle s'honore de le compter au rang de ses membres, et elle s'enor-
gueillit de pouvoir ajouter le nom d'Orfila aux noms illustres de Bi-
chat, d'Alibert et de Larrey, ses fondateurs.

Ces noms glorieux, espacés dans la vie d'une Société, sont de puis-
santes conditions de prospérité et d'avenir. Pour celle que j'ai l'honneur de représenter ici, le souvenir d'Orfila, joint à celui de tant
d'hommes célèbres qui lui ont appartenu depuis son origine, sera un
puissant motif d'émulation, et comme une tradition de travail et d'ardeur scientifiques, qu'elle a mission de conserver et de transmettre à
ses successeurs.

Quel immense et imposant concours, messieurs, si toutes les Sociétés
de France, toutes les institutions qui ont reçu de M. Orfila quelque
lustre ou quelque bienfait se trouvaient réunies autour de sa tombe !...
Toutes du moins s'associeront à nous dans l'expression de leur douleur, comme naguère dans le tribut de leur admiration et de leur
reconnaissance... Et, puisqu'il faut mourir, heureuse au moins la destinée de celui qui a pu recueillir tant de marques d'estime pendant sa
vie, et qui inspire après sa mort de si universels regrets.

Discours de M. le docteur Perdrix, au nom de l'Association de prévoyance.

Messieurs, il m'était réservé de faire un jour la cruelle épreuve de
ce que j'avais souvent compris, de ce que j'avais toujours redouté ! Il

m'était réservé de sentir qu'il est des natures chez lesquelles l'âme, comme anéantie sous l'oppression de certaines douleurs, est impuissante à commander à la pensée et reste muette devant un cercueil. Le cœur, chez moi, plein d'admiration, avait, vous le savez, chers collègues, des élans pour louer M. Orfila, et trouvait des paroles faciles pour manifester ses impressions. Aujourd'hui je sens toujours les battements précipités de ce même cœur, mais je ne trouve plus que des larmes, et je n'ai ni la force, ni la volonté de me faire violence pour les suspendre !

Quelque étrange que vous semble le caractère de ma douleur, quelque brutale qu'elle soit peut-être, respectez-la, messieurs, cette douleur. Il y a des natures qui s'inclinent et se résignent, il en est d'autres qui se soulèvent et se révoltent devant la mort prématurée ; telle est ma nature, en ce moment du moins ; et je ne me demande pas si c'est bien ou si c'est mal. J'ai vu la mort étreindre une vie qui nous était chère et l'étouffer ; M. Orfila n'est plus, je vois son cercueil, je sens ma douleur, et je ne trouve en moi que désolation et désespoir !

Ne sachant comment il me serait possible de remplir ma triste mission, j'ai cherché les illusions qui trompent, mais qui charment, et j'ai cru entrevoir des réalités qui consolent. Un moment j'ai détourné la tête, et j'ai vu M. Orfila hier encore plein de vie et de bonheur au milieu de ses collègues reconnaissants !

J'ai vu le savant illustre, l'éminent professeur honoré de la grande manifestation du corps médical de France !

J'ai vu l'homme de bien, le fondateur d'une œuvre sainte, le cœur plein d'émotions et comme d'impatience à la pensée de voir bientôt son œuvre personnifiée dans cet hommage offert par l'Association des médecins de la Seine, tout à la fois à son bienfaiteur et à la digne compagne de sa vie, qui a secondé et encouragé les généreuses intentions et les actes de libéralité de l'époux qui vient de lui être si cruellement ravi ! Je me suis demandé s'il n'y a pas des moments opportuns pour mourir, et je me suis dit : si l'admiration et la reconnaissance publiques sont comme des palmes ou des couronnes, M. Orfila meurt dans un triomphe ! M. Orfila est mort dans une ovation !...

Mais voilà qu'illusions et réalités m'abandonnent, et que, ramenant malgré moi mes yeux sur ces restes inanimés, je ne vois plus qu'un corps muet et glacé devant des amis inconsolables ! Et pourtant je ne voudrais pas vous quitter sans laisser dans vos esprits déjà si attristés des impressions moins amères, vous surtout, messieurs, qui gardez dans votre cœur le souvenir de l'attachement, du dévouement et des bienfaits du digne fondateur de l'Association de prévoyance! Pourquoi faut-il que dans cette angoisse de mon âme, un impérieux devoir m'arrache au silence et à l'isolement où ma douleur aurait besoin de se réfugier! Mais dans cette triste occurrence je ne m'appartiens pas, je le sais; je suis l'homme de l'Association, et l'Association qui pleure me dit : Je veux qu'un suprême adieu soit adressé ici à mon fondateur, à mon bienfaiteur!... Je veux que celui qui l'a honoré en mon nom dans des jours de joie le bénisse en mon nom dans ce jour de deuil!... Eh bien! chers collègues de l'Association, c'est un adieu que vous voulez que j'adresse à M. Orfila; vous n'exigez rien de plus; vous ne me demandez pas l'histoire entière de sa vie! Grâces vous soient rendues, puisque vous avez compris et que vous savez bien que dans ce douloureux moment toutes les pages de cette belle vie viennent se résumer pour nous dans ce peu de mots : Vie d'activité et de labeur, vie de dévouement et de bienfaisance, vie complétée avant l'âge, vie brisée avant le temps! Qu'attendre de plus de ma douleur ? Quel est celui de vous qui ignore la vie de M. Orfila? Quel nom eut plus de retentissement, de prestige, d'autorité dans l'enseignement. dans la science, dans l'administration? Qui ne sait les travaux, les découvertes, les services, les titres et les gloires de cette intelligence prodigieuse d'activité, prodigieuse de recherches, prodigieuse de résultats! Et d'ailleurs cette vie, pourquoi ne le dirais-je pas ici? a été écrite par M. Orfila lui-même; il me l'a dit, il y a quelques années, au moment même où dans sa retraite de Passy, il y consacrait chaque jour, de grand matin, quelques instants. J'ai respecté la douleur d'une famille si cruellement éprouvée; je n'ai point voulu parler de ce pieux monument; je n'ai point demandé le manuscrit de cette vie que M. Orfila envisageait sous trois points de vue : travaux scientifiques, enseignement, administration. Un jour, d'ailleurs, si ce n'est aujourd'hui même peut-être, ces pages, d'un intérêt si puissant, appartiendront, je pense, aux organes officiels et éloquents des corps savants, de l'Académie et de la Faculté de médecine, qui auront, suivant l'usage, à prononcer l'éloge de cette grande illustration scientifique.

Pour moi, chers collègues, qui parle ici au nom de l'Association de prévoyance, de cette œuvre de bienfaisance que j'appelle l'œuvre sainte de M. Orfila, pourquoi entreprendrais-je une tâche douce à mon

cœur, il est vrai, puisqu'il s'agirait toujours de M. Orfila, mais peut-
être au-dessus de mes forces. Encore une fois, ce n'est point un éloge
que vous me demandez, c'est un hommage modeste, un hommage
simple comme un dernier adieu ! Que cet éloge, chers collègues, serait pâle dans ma bouche devant l'éloge qui est dans le cœur de tout ce
qui m'entoure !

Que l'Association se rassure; M. Orfila a connu son attachement,
M. Orfila a compris toute l'étendue des sentiments qu'elle lui a voués !
Il a goûté, croyez-le, chers collègues, cette douce jouissance puisée
dans ces sentiments que vous aimiez à lui manifester, dans ces sentiments si vifs d'une reconnaissance vraie, dont, il faut l'avouer à la
louange des uns, j'ai presque dit à la honte des autres, il a dû trop
souvent éprouver le besoin pour tempérer l'amertume de l'injustice et
de l'ingratitude contre lesquelles son cœur généreux et juste, son âme
incomprise ne l'ont pas toujours protégé ! Mais vous vivrez, digne
fondateur de l'Association de prévoyance, dans le souvenir et dans le
cœur de ces hommes de bien qui vous ont apprécié et honoré, de ces
hommes de bien que non-seulement vous aviez su réunir autour de
vous, mais encore à qui vous aviez appris à se connaître, à s'estimer,
que vous aviez rapprochés et unis dans les liens d'une sympathique
confraternité ! Longtemps l'union confraternelle fut contestée ; votre
persévérante sollicitude l'a rendue désormais incontestable ! Vous vivrez dans l'œuvre dont vous fûtes le créateur et le bienfaiteur, dans
une de ces œuvres dont la fondation fait à elle seule les hommes ver-
tueux ! Vous vivrez, nouveau Montyon, dans l'éternelle reconnaissance
de ceux dont vous vous êtes constitué le protecteur et le soutien, de
ces déshérités de la fortune, et, pour emprunter à l'honorable docteur
Foissac une poétique image, de ces pèlerins de la science tombés au
milieu de leur route pénible ! Les veuves des médecins morts pauvres
au service de l'humanité diront aussi en vous bénissant le nom de leur
bienfaiteur aux orphelins, qui le répéteront et le garderont avec un
pieux respect ! Et ces générations d'élèves que vous avez tant aimés,
que vous avez instruits et dotés, et pour qui votre œuvre de prévoyance
fut aussi fondée, comme un encouragement à la moralité, à la dignité,
à l'honneur professionnel, vos chers élèves qui hier encore saluaient
avec orgueil et reconnaissance l'illustre maître, bientôt s'inclineront
dans un respectueux recueillement devant l'image de celui qui voulut
être leur bienfaiteur, de celui qui fonda, uniquement pour leur ins-

truction, ce riche et incomparable musée où, par une disposition écrite
et sacrée, il a voulu que fût placée la touchante suscription qui in-
dique et résume ses paternelles intentions pour les étudiants en médecine !

Mais le souvenir de tant de bienfaits , de si belles et nobles actions,
nous fait sentir plus douloureusement encore toute l'étendue de notre
perte, toute la stérilité de nos regrets ! Il faut se séparer, il faut s'arracher à cette tombe et dire le suprême adieu !

Une subite et tardive pensée vient de traverser mon intelligence !!
Puisse-t-elle rendre cet adieu moins pénible, cette séparation moins
cruelle, en laissant dans nos âmes une espérance, une sainte croyance !

Dieu envoie sur cette terre et fait briller à nos yeux éblouis, comme
un reflet de lui-même , de sublimes intelligences ; et quand il les rap-
pelle à lui, c'est pour nous laisser comprendre et croire qu'il est une
autre patrie, patrie des grands cœurs et des grands courages, patrie
des vertus et des gloires, patrie qu'on ne quitte plus quand on y est
entré, vie nouvelle qui ne nous abandonne plus ! Cette vie désormais
immuable, c'est l'immortalité ! Eh bien, chers collègues, croyons ensemble que M. Orfila a été une de ces sublimes intelligences qui nous
a éclairés et éblouis, un de ces génies bienfaisants qui nous a visités
et inspirés, que Dieu a fait passer devant nous, qu'il a rappelé vers lui
et qu'il fait vivre désormais de cette vie nouvelle et immuable de
l'immortalité !

Adieu donc , M. Orfila ! adieu donc, homme de bien , homme au
noble cœur, cher président, adieu ! l'Association poursuivra votre
œuvre ; elle en prend ici l'engagement par ma voix, et chacun de ses
bienfaits sera comme un pieux hommage rendu à la mémoire à jamais
vénérée de son fondateur !

Discours de M. de Salvandy.

Messieurs, il y a quelques jours à peine, le savant illustre, l'illustre
professeur, l'administrateur intègre, infatigable, intrépide, l'homme
de bien éminent et excellent, était chez moi plein de vie, plein de feu,
parlant de la science avec amour, de ses travaux avec confiance, me
racontant ses créations, m'exposant ses vues, portant sur le plus lointain avenir ce grand et ferme regard que nous avons tous connu, qui
jaillissait de sa belle et noble tête, comme une ardente lumière d'un

foyer plus ardent encore. Et voilà que nous nous pressons autour de son cercueil! Citoyens de tous les rangs et de tous les âges, nous accourons pour envoyer un cri d'adieu à sa tombe, pour chercher des consolations à cette grande perte en parlant de tout ce qui nous reste de lui... Heureux, pour mon compte, si je pouvais reproduire exactement ses pensées, graver dans vos souvenirs tout ce qui demeure ineffaçable dans le mien! Lui seul pouvait bien révéler, avec cet accent, de la conscience et de la supériorité qui faisait arriver si profondément, sa vibrante voix à l'esprit et à l'âme, les trésors d'intelligence, de volonté, de dévouement, de courage dont Dieu l'avait doté. Il ne les exposait pas, il les trahissait. A chacune de ses paroles, la passion et le génie du bien éclataient en lui.

Depuis cinq ans, les événements avaient mutilé cette puissante existence. L'administrateur n'existait plus. Cette grande partie de sa haute intelligence et de sa forte nature avait péri de la main de nos vicissitudes, longtemps avant que tout le reste pérît tout à coup de la main de Dieu. Le professorat, la science, les institutions utiles avaient profité de cette lacune de sa vie. Je sais ce que l'État y avait perdu , ce qu'il y perdait, alors surtout que dans les conseils qu'avaient si longtemps éclairés son expérience et sa sagesse tout était en question, y compris ces conseils mêmes; et avec eux tous les établissements, toutes les règles, toutes les maximes : car la fragilité était le lot commun de l'enseignement, de l'État et de la société même. D'autres diront, avec savoir et autorité, ce que furent jusqu'au dernier jour le maître de la science, l'instituteur de la jeunesse, l'homme de bien éprouvé; créateur, magnifique, inépuisable. J'entends vous parler du grand administrateur, des services qu'il rendit à ce titre, de ce que nous lui avons dû tous. Ce sera payer à la fois la dette de la reconnaissance personnelle et celle de la justice publique.

Orfila, que la nature avait fait si robuste, que les martyres volontaires de périlleuses expériences et les martyres forcés d'afflictions de toute nature, en l'éprouvant rudement, n'avaient pu abattre, semblait devoir par cela même, avec toute cette jeunesse de l'esprit, du cœur et de l'activité qui brillait en lui, nous être conservé longtemps encore. Il comptait soixante-six ans à peine. Il était né le 24 avril 1787, quand le monde, reposé d'une grande lutte qu'avait dominée l'alliance féconde de la France et de l'Espagne, semblait entrer pour longtemps dans le repos et allait entrer dans les convulsions. Il naquit à Mahon, sur ces

rochers des îles Baléares, contemplant de l'œil, dès son enfance, les deux
empires, comme pour choisir un jour entre les deux patries. Il avait
les génies différents de toutes deux : l'activité investigatrice, féconde,
novatrice de l'une, et la fermeté d'âme, la patience résolue, la persé-
vérance intrépide de l'autre. Jeune, témoin de la guerre maritime où
l'Espagne était engagée de nouveau de concert avec la France, il fut
marin d'abord et visita ces rivages de l'Orient et du Midi qui parlèrent
vivement à son imagination; par degrés, il se sentit entraîné des
sciences mathématiques, qui avaient été son apprentissage nécessaire,
vers les sciences naturelles, vers les sciences médicales surtout, par
un instinct invincible. Cet instinct supérieur ne le destinait pas à la
carrière du praticien honorable et dévoué dont les secours cherchent
les souffrances individuelles, en disant, comme Ambroise Paré : « Je
les soigne; Dieu veuille les guérir ! » , mais à cette vocation à part du
médecin scientifique et inventeur qui se préoccupe de l'humanité entière, qui travaille à pénétrer les causes des affections humaines pour
arriver, par la voie des découvertes de la science, aux moyens généraux de les tempérer ou de les guérir. Cette vocation devait le tourner
par degrés vers la France. Encore ce ne fut pas lui qui se donna à la
patrie adoptive, prête à se saisir et à s'honorer de lui, ce furent ses
concitoyens qui firent ce choix plus que lui-même. A Valence, à Barcelone, des succès exceptionnels avaient fixé l'attention publique sur
ce jeune homme marqué du sceau des intelligences supérieures. Ses
concitoyens sentirent qu'un état stationnaire et arriéré des connaissances publiques n'allait pas à la vive flamme qu'il portait en lui. Il était
arrivé en quelques années à savoir tout ce qui s'enseignait dans son
pays. Qui pouvait méconnaitre qu'on savait davantage ailleurs? La
révolution, qui par ses tristesses et ses servitudes avait refoulé le génie des lettres, avait laissé l'asile de la science à l'esprit français. Il s'y
précipita. Alors brillait la phalange de savants, de chimistes, de pra-
ticiens illustres dont la gloire a séduit, dont les leçons ont préparé
tous les maîtres dont nous nous enorgueillissons aujourd'hui et qui
m'environnent. La junte de Barcelone résolut d'envoyer à cette phalange glorieuse un soldat de plus. Orfila vint. C'était en 1807. Il ne
devait plus nous quitter. Il se sentit sur son vrai théâtre; il trouvait
l'emploi de toutes ses forces. Il apercevait dans l'ordre de ses études
des routes inconnues, et y marchait guidé par les plus vives lumières.
Disciple opiniâtre, qui ne connaissait point le repos, il s'égala aux

maîtres successivement par le travail, par l'esprit de recherche, par la sagacité ingénieuse qui découvre et qui applique, par cette rectitude des grands esprits qui met l'imagination, comme une servante active et docile, à la disposition du jugement et de la vérité. Parmi toutes les voies ouvertes devant lui, il en aperçut d'inexplorées, qui, du moins, comme des filons négligés dans les mines où on va chercher l'or, devaient donner à un labeur nouveau de nouvelles richesses. Il se voua tout entier à les interroger, à en tirer les trésors qu'elles renfermaient.

Vous savez mieux que moi, messieurs, quels furent ses débuts, quelles furent ses conquêtes. Jeunes hommes qui m'écoutez, il était pauvre mais laborieux, ami vrai de la science, résolu à remplir sa carrière. Pour pouvoir suivre les grands maîtres, il se fit maître lui-même. Il institua un cours libre pour pouvoir fournir à ses manipulations, à ses expériences, à ses découvertes. Deux branches de savoir en particulier l'attirèrent : la médecine légale et la toxicologie, deux sciences qu'il créa, on peut le dire; car il les classa, il les constitua, il les développa ; sciences positives et d'une action immense, diverses par leur nature et par leur application ; l'une, qui était toute d'observation et de pratique, l'autre, pleine de recherches, de combinaisons nouvelles, de résultats imprévus qui deviennent à leur tour des fils conducteurs de plus, toutes deux ayant au fond de lui-même un lien commun, en ce qu'elles répondaient aux deux principales facultés de son esprit, l'investigation savante et l'application utile, actuelle, générale. Toutes deux servaient également cette grande chose qui dès ce temps-là était le but instinctif de sa pensée, l'intérêt public. Dans le monde entier, qui ne sait quel instrument nouveau toutes deux furent dans sa main pour élever et agrandir le ministère et presque le sacerdoce du médecin, en faisant de ce savant autorisé et impartial la lumière de l'administration, de la justice, de la législation. Les secours qu'il a instruit les sciences médicales et la puissance publique à se demander, à se prêter réciproquement dans l'intérêt commun des hommes, peuvent n'être pas appréciés encore de la foule. Il y a là une partie latente de sa gloire que chaque jour fera mieux sentir. Mais qui n'a vu avec émotion, quelquefois avec terreur, l'espèce d'infaillibilité dont il a revêtu la justice humaine pour la poursuite des crimes les plus lâches, les plus faciles, les plus redoutables, quand il paraissait devant le magistrat comme un magistrat, devant le juré comme un oracle, devant le coupable comme le destin. On avait cherché inutilement dans les viscères la preuve du crime, il enseigne à trouver le témoin irrécusable dans les dernières profondeurs de l'organisation humaine, et l'arrêt formidable de sa bouche, en établissant la sécurité de la société, devient l'arrêt solennel de la justice.

Ainsi se décelait cette autre grande mission d'Orfila qui le destinait, soit par ses créations personnelles, soit par ses fonctions publiques, à compter parmi les grands serviteurs de l'État, dans un temps où l'État était plus que jamais difficile à servir. L'homme n'est pas un être simple comme la foule l'imagine. Des facultés corrélatives, quoique diverses, se prêtent un mutuel appui. J'ai entendu Cuvier dire souvent, à propos de deux emplois différents de son génie dans chacun desquels il excellait : « On voudrait que je sacrifiasse à l'his-« toire naturelle le conseil d'État, et on ne sait pas que je n'apporte-« rais point dans l'histoire naturelle la même puissance de travail si « le conseil d'État, qui m'intéresse et qui me charme, ne me donnait, « par cette satisfaction intérieure et par cette diversion, des forces de « plus. »

Tel était Orfila. Nous avons vu que de disciple il était devenu maître à son tour. D'un cours libre, la Restauration l'avait fait passer à une chaire dans cette grande Faculté de Paris, qui est le foyer principal et le principal sanctuaire de la science dans le monde entier. C'était le prix naturel de ses travaux, de sa renommée, de l'éclat qui s'attachait déjà à ses œuvres et à sa personne. Mais là, sur cette scène nouvelle, de nouvelles qualités éclatèrent. On savait d'avance son élocution facile, son exposition lumineuse, saisissante, variée, son action sur le jeune auditoire suspendu tout entier à sa parole; on sut maintenant sa fermeté, son énergie, son autorité. Le grand professeur n'enseigne pas seulement; il gouverne. Il a la décision, le courage, les responsabilités de tous les gouvernants. Dans cette forte épreuve de l'homme tout entier, le caractère donne sa mesure comme l'esprit. Il en a été ainsi des hommes d'élite qui m'écoutent. Ainsi se montra entre tous Orfila.

C'était dans les premières années de la Restauration, quand les vives étincelles de libertés longtemps proscrites développaient parmi nous, à côté de biens immenses, cette flamme active mais inquiète dont nous ne devions que trop connaître les effets. Les écoles pouvaient-elles ne pas s'en ressentir? Les mouvements qui se succédèrent mirent en lumière chez Orfila les fortes qualités qui, dans le professeur, font connaître et respecter l'homme. Il se désignait ainsi lui-même, dans cette carrière glorieusement fournie, pour une carrière plus vaste et plus haute. Les événements la lui ouvrirent. Le gouvernement de 1830 l'appela successivement à l'honneur de faire partie du conseil général des hôpitaux et du conseil général de la Seine, de diriger la Faculté de Paris, de siéger dans le conseil royal de l'instruction publique, de tenir particulièrement en main toutes les branches de l'enseignement médical, en même temps qu'il participait à la discussion et à la conduite de tous les intérêts généraux de l'enseignement public et de son organisation dans tout le royaume. C'était alors qu'il fut véritablement à sa place. Dans tous ses postes, il se montra immédiatement à la hauteur de ses nouveaux devoirs. L'étendue de l'esprit, la fermeté des vues, l'intelligence des moyens, la poursuite résolue des grands résultats, la résistance invariable aux passions de toute nature, la sagacité dans les règles à imposer, dans les institutions à établir, dans la discipline à maintenir et quelquefois à créer, toutes ces choses, qui sont l'âme et le génie de l'administration, se trouvèrent en lui éminentes. Il eut un mérite plus grand dont on peut juger aujourd'hui. Parmi tous les courants qui agitaient l'opinion publique, maîtresse souveraine de nos destinées, il se rangea invariablememt, sans bruit comme sans faiblesse, du côté du pouvoir qui luttait avec courage pour défendre la société du péril de ses entraînements et les libertés elles-mêmes du péril de leurs excès. Dans le département ministériel où il avait une si grande place, les dépositaires successifs de l'autorité trouvèrent en lui la collaboration loyale, dévouée, fidèle du savant et de l'honnête homme. Ce département, dans la situation menacée où était le pays à son insu, avait une mission à part dans le travail commun du gouvernement. Il avait charge d'âmes sur la société; il devait porter le remède aux sources du mal. C'était aux esprits et aux âmes qu'il devait donner des forces contre les pentes fatales qui nous entraînaient. C'était par la jeunesse, par ses maîtres, par les institutions faites pour elle, par l'esprit dont elles seraient pénétrées qu'il devait, avec l'aide de Dieu, assurer l'avenir. Indépendamment des directions générales, on pensait que coordonner, étendre et honorer l'enseignement était un des moyens de le rendre à la fois plus fécond et plus salutaire. Orfila fut un ouvrier admirable de cet en-

semble de travaux et de desseins. Faut-il dire ce qu'il fut notamment
pour la vaste branche de service qui était plus particulièrement confiée
à sa sollicitude et à ses lumières ? L'enseignement médical et phar-
maceutique dans tout le royaume, vous le savez comme moi, messieurs, vit partout pendant ces dix-huit années se multiplier les réformes, les améliorations, les réorganisations intelligentes, les créations utiles. Je ne fais que rendre à M. Orfila ce qui lui appartient en
disant ici sur sa tombe, à l'égard de tous ces actes qui forment un code
tout entier, qu'il fut le promoteur la plupart du temps, le conseiller
et le régulateur toujours.

Mais nos écoles préparatoires, nos écoles de pharmacie, nos Facultés, nos cours libres, nos cliniques, nos amphithéâtres, toute cette forte
constitution de l'enseignement médical, qui l'a placé si haut dans
notre pays, n'était qu'une partie des devoirs de l'administration supé-
rieure, qu'une partie des méditations et des veilles d'Orfila. Son esprit généralisateur suivait avec zèle l'administration dans une voie
plus vaste, et souvent l'y devançait. Comment oublier toutes les vues
qu'annonçait la *Caisse de prévoyance* dont il prit seul l'initiative, qui
fut son honneur et son ouvrage ? Le corps médical, par ses conditions
d'études, par ses lumières, par ses services, et, ce qui vaut mieux, par
son dévouement toujours charitable, souvent héroïque, est une part
essentielle et considérable de la société française. Sa constitution im-
porte aux intérêts les plus chers et les plus élevés de l'Etat. Le gouvernement et la législation devaient venir en aide à son organisation.
Le corps lui-même avait le sentiment, exprimait le vœu de réformes
profondes, d'améliorations étendues. Vous vous rappelez ces nombreuses assises, sous le nom de congrès spécial, qui présentèrent un
spectacle nouveau, celui d'une délibération libre des intérêts com-
muns, où domina la sagesse. Elle y domina au point que la voix du
gouvernement, faisant connaître loyalement les résolutions auxquelles
il était arrêté, rencontra, au milieu de la diversité des sentiments, la
presque unanimité des adhésions. Ai-je besoin de dire qu'en cette
grave conjoncture, comme en toute autre, le gouvernement trouva
dans l'expérience et la sagesse d'Orfila sa force et sa lumière ? Il eut
la satisfaction de voir l'œuvre sortie de tant de travaux prél.minaires
auxquels il avait pris une si grande part passer avec succès par l'une
des délibérations les plus solennelles, les plus prolongées, les plus
éclatantes qui aient honoré les assemblées législatives sous la monar-

chie constitutionnelle... Il ne la vit pas arriver au terme de ces fortes épreuves. La monarchie constitutionnelle n'était déjà plus! Orfila, presque seul dans tout cet ordre d'enseignement et de travaux qui l'avaient illustré, fut entraîné dans sa ruine. C'est une distinction que sa mémoire peut accepter. Pour prix de l'adoption de la France, il l'avait servie avec fruit et avec éclat pendant dix-huit années laborieuses, prospères et libres.

La Faculté de médecine de Paris gardera éternellement son souvenir. La bonne discipline intérieure, l'intelligente sévérité des examens, le patient labeur des élèves, l'assiduité dévouée des maîtres, dont il donnait le modèle en même temps que le précepte, la bonne répartition des moyens infinis d'études réunis ou développés par sa vigilance infatigable, toutes ces choses qui sont l'œuvre et la gloire de tous, mais où sa main fut empreinte plus qu'aucune autre, seront des monuments de sa gloire, autant que ces autres monuments visibles et immortels qui entourent l'école ou la remplissent, et qui suffiraient seuls à léguer son nom à la reconnaissance des générations à venir.

D'autres travaux, d'autres créations ne permettront pas davantage que l'oubli atteigne ce nom respecté. Il y a les œuvres où sont consignés les progrès qu'il fit faire par lui-même à la science, et qui resteront autant que la science même. Il y a celles où il convia toute cette jeunesse, qui se presse sur son tombeau, à faire comme lui, à vivre soldats et martyrs de ces branches de connaissances humaines qui ont pour but, entre toutes les autres, l'étude et le service de l'humanité. Nos Facultés, nos écoles, nos cités perdront-elles jamais la mémoire de ces libéralités magnifiques qui semblaient ne devoir être qu'un acte de sa carrière, et qui en auront été le terme, comme si elle ne pouvait être plus dignement couronnée! On se demandait, je lui demandais moi-même, dans cet entretien si récent qui devait être le dernier, et qui est maintenant sacré pour moi, pourquoi il avait ajouté, de son vivant, à l'institution généreuse et excellente du musée Orfila, toutes ces riches et doctes fondations qui font de lui le Montyon des sciences médicales et de la santé publique. « Pourquoi? me dit-il. « Parce que j'aime la science et la jeunesse avec passion. Cette jeu-« nesse, que j'ai fait travailler de mon mieux partout, tant que j'y ai « pu quelque chose, j'ai voulu lui tailler du travail *pour deux cents* « *ans!* et, quant à la science, convaincu qu'il y a de grands secrets à

« approfondir dans l'organisation humaine, dans la cause et la nature
« des affections qui abrègent ou flétrissent l'existence, j'ai voulu tra-
« cer moi-même la route, avoir la perspective de diriger les premiers
« efforts, pout être sûr que d'autres feront après moi ce que je ne
« puis pas demander à la Providence le temps d'accomplir. »

C'était son testament qu'il me dictait à mon insu ! Le temps ne devait pas lui être laissé d'achever son ouvrage, de tracer les premiers
programmes, de suivre de l'œil les premiers résultats. Il n'a pu que
recueillir l'écho anticipé des bénédictions et des regrets qui resteront
attachés à sa mémoire. La Providence, comptant les œuvres plus que
les années, avait marqué les jours de cette vie si honorable et si remplie. Bien remplie, en effet ; car, trop long pour cette enceinte, que
de choses ce discours a omises ! ses titres scientifiques véritables, ses
œuvres charitables sans nombre, ses qualités attachantes et char-
mantes. L'homme d'intérieur, l'homme du monde, étaient accomplis
en lui comme l'homme d'études, comme l'homme pratique, comme le
serviteur de l'État, comme le grand organisateur ; l'ami des arts,
comme l'ami des pauvres ; le gérant de l'assistance publique, comme
le défenseur éclairé de l'ordre et des lois. Le saisissement douloureux
de la société entière à la nouvelle inattendue qu'Orfila n'était plus, la
douleur incomparable d'une famille digne de lui, d'une compagne qui
mérita de faire le bonheur de sa vie, cet immense concours, ces regrets, ces larmes, sont un hommage qui vaut mieux pour sa mémoire
que les honneurs qui vinrent le chercher. Il remplace ceux qui lui
manquèrent. Maîtres illustres qui fûtes ses collaborateurs, ses amis et
quelquefois ses élèves ; élèves laborieux qui êtes ses légataires, et
qu'on est heureux de voir se presser à ses funérailles, un seul mot
convient à l'inconsolable affliction de ce moment et aux pensées reli-
gieuses de ce lieu : Faites honneur à son testament et imitez sa vie !

Discours de M. Fulgence Rouet, au nom des élèves en médecine.

Messieurs, il y a peu de temps encore, et dans cette même enceinte,
j'élevai la voix devant vous pour exprimer, au nom de mes condisci-
ples, la part qu'ils prenaient à la douleur causée par la mort d'un de
leurs professeurs les plus illustres, M. Achille Richard.

Aujourd'hui, la Faculté de médecine prend de nouveau le deuil, et les étudiants en médecine viennent en foule, sur cette tombe, rendre les derniers devoirs à leur premier maître.

M. le professeur Orfila, en effet, messieurs, était chargé de prendre le jeune homme à son entrée dans la carrière médicale ; de guider ses premiers pas au milieu des difficultés nombreuses qu'elle présente ; mais, en outre, il devait s'adresser à une autre classe d'élèves qui lui demandaient le dernier mot de la science.

Après avoir vieilli au milieu des élèves, sa santé devint chancelante, et cette année, comme s'il eût eu un pressentiment de sa fin prochaine, il fit connaître ses dernières volontés, et légua aux étudiants en médecine une partie de sa fortune pour l'agrandissement du Musée d'anatomie de l'École.

Aussi, pleins de reconnaissance pour son dévouement, ses élèves se pressent sur sa tombe et lui assurent une place dans la postérité, en donnant, et d'une voix unanime, au musée qui doit être fondé, le nom de Musé Orfila.

CHEZ **LABÉ**, ÉDITEUR, LIBRAIRE DE LA FACULTÉ DE MÉDECINE,
place de l'École-de-Médecine, n° 23, (ancien n° 4).

OEUVRES DE M. ORFILA.

TRAITÉ

DE

TOXICOLOGIE

CINQUIEME ÉDITION,
Revue, corrigée et considérablement augmentée.
2 très-forts volumes in-8°, ensemble de 1920 pages; prix : **19** fr.
1852

TRAITÉ

DE

MÉDECINE LÉGALE

Quatrième Edition
REVUE, CORRIGÉE ET CONSIDÉRABLEMENT AUGMENTÉE
CONTENANT EN ENTIER LE

TRAITÉ DES EXHUMATIONS JURIDIQUES

PAR MM. ORFILA ET LESUEUR
avec 7 planches dont 4 coloriées

4 FORTS VOLUMES IN-8°. 1848. — PRIX : **26** FRANCS.
1848.

ORFILA. — Atlas pour le *Traité de médecine légale* ci-dessus, contenant 26 planches, dont 7 coloriées, représentant les plantes vénéneuses
et les animaux venimeux. — Prix : 3 fr. 50 c. — Cet Atlas se vend
séparément.

ÉLÉMENTS

DE CHIMIE,

Huitième Edition,
REVUE, CORRIGÉE ET CONSIDÉRABLEMENT AUGMENTÉE.
2 FORTS VOLUMES IN-8°, ENSEMBLE DE PLUS DE 1500 PAGES,
AVEC PLANCHES ; PRIX : **17** FR.
1851

Paris. — Typogr. de E. et V. PENAUD frères, 10, Faub.-Montmartre.